BEI GRIN MACHT SICH IHR WISSEN BEZAHLT

- Wir veröffentlichen Ihre Hausarbeit,
  Bachelor- und Masterarbeit

- Ihr eigenes eBook und Buch -
  weltweit in allen wichtigen Shops

- Verdienen Sie an jedem Verkauf

Jetzt bei www.GRIN.com hochladen
und kostenlos publizieren

Bibliografische Information der Deutschen Nationalbibliothek:

Die Deutsche Bibliothek verzeichnet diese Publikation in der Deutschen National-bibliografie; detaillierte bibliografische Daten sind im Internet über http://dnb.d-nb.de/ abrufbar.

Dieses Werk sowie alle darin enthaltenen einzelnen Beiträge und Abbildungen sind urheberrechtlich geschützt. Jede Verwertung, die nicht ausdrücklich vom Urheberrechtsschutz zugelassen ist, bedarf der vorherigen Zustimmung des Verlages. Das gilt insbesondere für Vervielfältigungen, Bearbeitungen, Übersetzungen, Mikroverfilmungen, Auswertungen durch Datenbanken und für die Einspeicherung und Verarbeitung in elektronische Systeme. Alle Rechte, auch die des auszugsweisen Nachdrucks, der fotomechanischen Wiedergabe (einschließlich Mikrokopie) sowie der Auswertung durch Datenbanken oder ähnliche Einrichtungen, vorbehalten.

Impressum:

Copyright © 2015 GRIN Verlag
Druck und Bindung: Books on Demand GmbH, Norderstedt Germany
ISBN: 9783668855311

Dieses Buch bei GRIN:

https://www.grin.com/document/450187

Desirée Vauthey

Kartell und Kokain. Der Drogenkrieg in Mexiko und die Auswirkungen auf die mexikanische Bevölkerung

GRIN Verlag

GRIN - Your knowledge has value

Der GRIN Verlag publiziert seit 1998 wissenschaftliche Arbeiten von Studenten, Hochschullehrern und anderen Akademikern als eBook und gedrucktes Buch. Die Verlagswebsite www.grin.com ist die ideale Plattform zur Veröffentlichung von Hausarbeiten, Abschlussarbeiten, wissenschaftlichen Aufsätzen, Dissertationen und Fachbüchern.

Besuchen Sie uns im Internet:

http://www.grin.com/

http://www.facebook.com/grincom

http://www.twitter.com/grin_com

Der Drogenkrieg in Mexiko

Fachmaturarbeit: Desirée Vauthey

Kantonsschule Zürich Nord, 2015

Inhaltsverzeichnis

1. Vorwort

Für meinen Fachmittelschulabschluss musste ich im Fach Geschichte ein Thema auswählen, welches ich selbst erarbeiten musste. Ich habe mich damals für Lateinamerika entschieden und mich dabei auf den dortigen Drogenkrieg fokussiert. Während der Recherche fesselte mich dieses Thema immer mehr. Nach den Abschlussprüfungen wurden wir informiert, dass wir mit unserer Maturarbeit bereits beginnen sollten, doch für welches Thema sollte ich mich entscheiden? Üblicherweise beschäftige ich mich mit Themen im Bereich der Pädagogik oder des Zwischenmenschlichen, dennoch hatte ich trotz ausgiebiger Suche kein passendes Thema gefunden. Ich überlegte mehrere Tage, worüber ich schreiben sollte, dann wurde es mir plötzlich klar: Drogenkrieg in Mexiko. Anfänglich war mein Thema viel zu gross, da ich das Thema nicht gut eingrenzen konnte. Herr Kunz wies mich bei einem Gespräch darauf hin, dass ich mich auf die Kartelle fokussieren könnte. Von dieser Idee war ich begeistert. Nun hatte ich endlich mein Thema gefunden und konnte beginnen. Allerdings habe ich mich noch nie mit einem geschichtlichen Thema so exakt befasst, aber diese Herausforderung würde ich schon meistern. Ich war bereits neugierig auf das Resultat meiner Maturarbeit.

Für die Unterstützung meiner Maturarbeit möchte ich mich herzlich bei meiner Betreuungsperson, Herr Daniel Kunz, bedanken. Die hilfreichen und informativen Tipps von Herrn Kunz leiteten mich durch meine ganze Arbeit. Ein grosses Dankeschön geht an meinem Freund, Matteo Moser, der meine Arbeit als erstes gelesen hat und dessen Feedback mir von grosser Bedeutung ist. Zudem war Matteo derjenige, der mir immer wieder ein Lächeln aufs Gesicht zauberte, das mich motivierte und Power brachte. Weiter danke ich Louisa Pajarola und ihrer Schwester, Tamina Pajarola; beide im Kampf gegen den Fehlerteufel. Dr. Andreas Schlegel überarbeitete meine Arbeit als letzter und gab ihr somit den letzten Schliff, wofür ich ihm ausserordentlich dankbar bin. Auch ein Dank geht an die Teilnehmer meines Interviews. Last but not least möchte ich meine Mutter, Daniela Röllin, umarmen, die mit grossem Verständnis und Rücksicht auch meine Launen und mich liebevoll getragen hat.

2. Einleitung

Über Lateinamerika wird heutzutage nicht mehr viel gesprochen, obwohl es einen der interessantesten politischen Wege hinter sich hat. Hauptsächlich liegt der Grund darin, dass der Drogenkrieg viel zu derb ist, um dies zu veröffentlichen. Hinzu kommt, dass die meisten Reporter, die darüber berichten wollten, spurlos verschwunden sind oder gar getötet wurden. Die Brutalität der Kartelle war das, was mich am meisten fesselte. Daher ist dieses Thema integrierender Bestandteil meiner Leitfragen. Mir war wichtig, den Lesern meiner Arbeit alle Facetten des Lebens in einem Kartell näher zu bringen. Hierzu gehören auch Themen, die auf den ersten Blick nicht das Leben im Kartell beschreiben. Zum Beispiel die Droge Kokain. Welchen Einfluss hat Kokain auf den Menschen und konsumiert jeder im Kartell Kokain? Zudem ist gewiss auch die Entstehung der Kartelle ein wichtiger Aspekt, um das Leben im Kartell zu verstehen. Dazu gehören zwei weitere Fragen die mich beschäftigten: Ist der Aufbau eines Kartells durch hierarchische Strukturen Bestimmt und ist die Brutalität unausweichlich, um den Drogenmissbrauch im Land zu bekämpfen? Wichtig bei der Diskussion dieser Themen ist auch, über das Leben der Bevölkerung in Lateinamerika zu sprechen und nicht nur über die Kartelle. All diese Fragen wurden zu meinen Leitfragen, da diese für mich am interessantesten sind.

3. Der Drogenkrieg in Kürze

Der Drogenhandel war in Mexiko schon immer aktiv, jedoch erlebten die Kartelle einen schwindelerregenden Aufstieg im Jahr 1990, da es den Ordnungskräften in Kolumbien gelang, die beiden grossen Drogenkartelle des Landes, das Kartell von Medellín und jenes von Cali zu zerschlagen. Dadurch brach unter anderem die Schmuggelroute für Kokain von Kolumbien über die Karibik nach Florida zusammen. Dies hatte zur Folge, dass eine neue Drogen-Transport-Route entstand, die von den südamerikanischen Kokain-Erzeugungsgebieten über Zentralamerika nach Mexiko und dort an die Grenzen des US-Bundesstaates Kalifornien, Arizona, New Mexico und Texas führte.

Der Drogenkrieg in Mexiko begann im Jahr 2006 als Felipe Calderon zum neuen Präsidenten gewählt wurde [1]. Er erklärte den damals schon herrschenden Drogenkartellen den Krieg. Dies führte dazu, dass die Drogen-Bosse nun auch gegen Amtsleute handgreiflich wurden. Während 6 Jahren wurden über 65'000 Menschen zum Opfer des vorherrschenden Drogenkrieges, 25'000 Menschen gelten als verschwunden und eine Viertelmillion wurde zu Flüchtlingen im eigenen Land (von 2006-2012) [2] [3]. Der Drogenkrieg erreichte eine enorme Brutalität, speziell nach dem Zusammenbruch der Route über die Karibik. Dadurch entstand in Mexiko grosse Konkurrenz zwischen den Kartellen. Sie kämpften um Transportwege, Territorien und die Herrschaft über Quartiere, Städte und Landstriche. [2]

Abbildung 1, Verteilung der Drogenkartelle in Mexiko [11]

Um die Rohheit etwas zu verdeutlichen hier zwei Beispiele: Erstens, den Opfern wurde bei lebendigem Leibe die Gesichtshaut aufgeschnitten und heruntergezogen und danach kleben die Täter diese auf einen Fussball. Zweitens, einem enthaupteten Rumpf wird der Kopf eines Schweines aufgesetzt und angenäht [2]. Dies machen die Täter, um die Opfer auch nach dem Tod zu demütigen und andere einzuschüchtern. Hinzu kommt, dass in Mexiko Korruption kein Fremdwort mehr ist. Auch Polizisten und Politiker gehören teilweise einem Kartell an.

Die bekanntesten und gefährlichsten Drogenkartelle sind die Los Zetas und das Sinaloa-Kartell. Auf diese Kartelle werde ich später etwas näher eingehen.

Ob der Drogenkrieg in naher Zukunft beendet werden kann und die Drogenkartelle besiegt, kann man zum heutigen Zeitpunkt noch nicht sagen. Meiner Meinung nach wäre es in absehbarer Zeit möglich, wenn Drogen legalisiert würden. Natürlich nicht alle aber sicherlich Marihuana und Kokain. Wichtig ist aber, dass nicht nur Mexiko die genannten Drogen legalisiert, sondern auch die USA. Denn dieser Krieg wäre niemals entstanden, wenn die USA nicht bis zu achtzig Prozent der Drogen aus Mexiko beziehen würden. Dieses Vorhaben könnte man mit der Prohibition in den USA vergleichen. In den USA wurde das Brauen von Alkohol verboten, dies löste unter anderem eine hohe Arbeitslosigkeit aus, da viele ihren Job aufgeben mussten. Doch getrunken wurde trotzdem. Das Verbot brachte den USA nichts als Unheil, wie hohe Kriminalität und Mafia. Ähnlich könnte es mit den Drogen sein. Denn Drogen werden so oder so konsumiert, egal ob es legal ist oder nicht. Jedoch könnten allenfalls neue Arbeitsplätze geschaffen werden und es müsste nicht mehr von Mexiko in die USA geschmuggelt werden. Somit würde auf dem Schwarzmarkt die Nachfrage nach Kokain rasch abnehmen und die Kartelle hätten keine Arbeit und keinen Einfluss mehr [3].

4. Kokain

4.1 Herstellung

Kokain wird in einem chemischen Verfahren aus den Blättern des Kokastrauchs gewonnen und zu einem Pulver verarbeitet. Dieses Pulver wird dann meist geschnupft oder geraucht. Wenn man es raucht wird es als Crack bezeichnet.

4.2 Die Wirkung von Kokain

Die Wirkung auf den Körper hält ca. 30 Minuten an; nach 90 Minuten, ist das Kokain zur Hälfte abgebaut. Bei regelmässigem Konsum kommt es zu einer Toleranzentwicklung, das heisst, um dieselbe Wirkung zu erhalten muss man grössere Dosen in kleineren Zeitabständen zu sich nehmen. Dies führt wiederum zu Suchtverhalten und häufig wird in der Folge zu

Abbildung 2, Blätter des Kokastrauchs [12]

härteren Drogen gegriffen, da dort keine höhere Dosis konsumiert werden muss um dieselbe Wirkung zu erhalten. Die meisten greifen in solchen Fällen zu einer Mischung aus Heroin und Kokain und spritzen diese direkt ins Blut.

Das Kokain bewirkt, dass das Belohnungssystem des Körpers länger aktiv bleibt. Dieser Vorgang spielt sich im Hirn ab. Durch Kokain bleibt der Botenstoff Dopamin länger an den Rezeptoren haften. Dafür gibt es eine einfache Erklärung: Stellen wir uns vor, dass das Dopamin wie ein Schlüssel ist. Dieser Schlüssel steckt in einem Schlüsselloch, den Rezeptoren. Im Normalfall steckt man den Schlüssel in das Schlüsselloch, schliesst auf, zieht den Schlüssel ab und geht dann durch die Tür. Nun wird aber dieser Vorgang durch das Kokain verlängert. Der Schlüssel kann nicht mehr nach kurzer Zeit abgezogen werden, sondern steckt länger im Schlüsselloch. Dies löst im Hirn ein längeres Belohnungsgefühl aus und man wird aufgeputscht. Der Rausch zeigt sich dann auf verschiedene Arten: Hyperaktivität, Rededrang, Betriebsamkeit, übersteigertem Kontaktbedürfnis, Distanzlosigkeit, Hemmungslosigkeit und Selbstüberschätzung [4].

Logischerweise hat Kokain auch negative Auswirkungen auf den Menschen: Misstrauen, Verwirrtheit, Halluzinationen bis hin zu Verfolgungswahn.

Dazu kommt, dass bei mehrmaligem Konsum die Rauschzustände von Ruhelosigkeit, Schlaflosigkeit und Gereiztheit begleitet werden. All diese Zustände führen in den meisten Fällen zu Depressionen, Aggressionen und Vereinsamung.

4.3 Schädigung durch Kokain

Der Körper wird durch Kokainkonsum auch geschädigt. Sofortige Veränderungen sind: stark erhöhter Puls, hoher Blutdruck, erhöhte Körpertemperatur, erhöhter Blutzuckerspiegel, trockener Mund, Pupillenerweiterung und Schweissausbrüche. Zu den langfristigen Schäden gehört vor allem die sogenannte „Kokser Nase". Durch das Schnupfen von Kokain wird die Nasenschleimhaut angegriffen, was längerfristig zu einem Loch in der Nasenscheidewand führen kann. [4]

5. Aufbau eines Kartells

Die Drogenkartelle haben eine klare Struktur und sind hierarchisch aufgebaut. Jedes Viertel wird durch verschiedene Truppen mit spezifischen Aufgaben kontrolliert. Dies wurde aufgrund einer Person gebräuchlich und zwar wegen Miguel Angel Felix, auch „Gallardo" genannt. Er ist auch bekannt als „Godfather", da er der erste Drogenboss überhaupt war. [5]

Beginnen wir mit der ranglich tiefsten Truppe. Deren Mitglieder werden Späher oder auch Kundschafter genannt: Ihr Auftrag ist möglichst viele Informationen zu sammeln, um diese dem Boss weiterzuleiten [6]. Späher sind selten über achtzehn Jahre alt, da diese ohne verdächtig zu wirken, sich auf den Strassen herumtreiben und beobachten können. Es handelt sich nicht um vollwertige Mitglieder, sondern um „Aspiranten" in der Probephase. Sie bekommen deshalb in den meisten Fällen keine Entschädigung. Sie beobachten vor allem Geld- oder Drogenübergaben. Fällt ihnen etwas auf, müssen sie es sofort an den nächst Höheren weiterleiten.

Der nächst Höhere ist der Klein-Dealer. Zu den Klein-Dealern gehören oft Jugendliche aber auch viele Taxifahrer sowie Arbeitslose, Hausfrauen und Besitzer kleinerer Läden. Klein-Dealer sind, wie der Name schon erahnen lässt, für kleinere Regionen und oft nur in den eigenen Kreisen zuständig. Die Klein-Dealer holen ihren Stoff vom übergeordneten Händler. Dieser Händler kontrolliert die Klein-Dealer, indem ihm die Dealer Abgaben entrichten müssen. Wenn ein Klein-Dealer das Geld in die eigene Tasche steckt und das jemand mitbekommt, ist dies sein Todesurteil.

Dieses Verhältnis zwischen Dealer und Händler geht von Stufe zu Stufe immer weiter bis zum örtlichen Drogenboss. Die Drogenbosse sind diejenigen, die alles Organisatorische abwickeln. Die lokalen Drogenbosse sind dem Boss des ganzen Kartells unterstellt. Der lokale Drogenboss wird im Slang auch „el mero mero", „der wirklich Wirkliche", genannt. Jedermanns Ziel in einem Drogenkartell ist es, so weit aufzusteigen, dass er seine eigenen Hände nicht mehr schmutzig machen muss. Also mit dem Verteilen der Drogen nichts mehr zu tun zu haben, sondern nur noch mit der Buchhaltung, dem Organisatorischen und dem Planen von Überfällen.

Das Schlimme am Ganzen ist, dass schon Jugendliche gezwungen werden, Verräter umzubringen. Jedes Mitglied eines Kartells muss bereit sein, andere zu töten, ansonsten wird man selbst getötet. Zudem hat jedes Drogenkartell seinen eigenen Folterspezialisten, der Informationen aus den Leuten herausbekommen soll. Das Foltern führt in manchen Fällen bis zum Tod. Es kommt aber auch vor, dass man jemandem ein Geständnis aufzwingt, ihn also erpresst und so lange foltert, bis er sagt, was die andern hören möchten [2] .

Nach der Wechselbeziehung von Dealer und Händler kommen diejenigen, die mit den Drogen an sich nicht mehr viel zu tun haben. Die Aufgabe dieser Leute ist zum Beispiel die Buchhaltung oder das Organisieren von Übergaben. Denn solche Arbeiten müssen ebenfalls erledigt werden. Meist bestehen Kartelle hauptsächlich aus Männern, jedoch kommt es immer öfter vor, dass auch Frauen gewisse Aufgaben übernehmen (siehe Kapitel 8.3, Frauen im Drogenkrieg).

Die Hauptaufgaben der „mero meros" liegen darin, die geheimen Schmuggelwege zu schützen, Polizisten, Richter und generell Beamte und Richter zu bestechen und Kopfgeldjäger, Sicherheitsmänner, Spitzel, Mitglieder und Todesschwadronen anzuwerben und zu bezahlen [3].

6. Gegeneinander oder Miteinander

Die Kartelle sind in den USA wie auch in Mexiko rechtswidrig und werden daher strafrechtlich verfolgt [3]. Da die Konkurrenz sehr gross ist, haben sich nur drei grössere Kartelle etablieren können. Jedoch war das nicht immer so.

6.1 Wie alles begann

In Mexiko wurde schon vor dem Ausbruch des Drogenkrieges mit Drogen gehandelt. „Gallardo" war damals einer von wenigen der mit Drogen gehandelt hat. Er war vor seiner Drogenkarriere Polizeioffizier und Bodyguard des Gouverneurs von Sinaloa. Doch als ihm bewusst wurde, dass er mehr Geld mit dem Handel von Drogen verdienen konnte, konzentrierte er sich nur noch darauf. Da es kaum Konkurrenz gab, konnte „Gallardo" ohne Probleme mehrere Millionen damit umsetzen.

Darauf wurde Pablo Escobar, der kolumbianische Drogenboss aufmerksam, da er sich, wie bereits erwähnt, eine neue Schmuggelroute für sein Kokain suchen musste. Pablo Escobar und „Gallardo" einigten sich auf ein so genanntes Joint Venture zum Zweck des Kokaintransportes in die USA. Zu Beginn bezahlte Escobar „Gallardo" bar doch nach einiger Zeit bezahlte er mit Ware. Bis zu 50% der Lieferung konnte „Gallardo" selbst behalten und konnte sich somit einen eigenen Kokainhandel aufbauen.

„Gallardo" war ein geachteter Mann, er protzte nicht mit seinem Reichtum und begnügte sich damit, ein gern gesehener Gast im Hause des jeweiligen Gouverneurs zu sein. Dadurch, dass die Polizei und die Drogengangster friedlich miteinander lebten, kam es selten zu Todesopfern.

Doch in den Achtzigerjahren fiel den Anti-Drogen-Behörden der Vereinigten Staaten auf, dass Mexiko im Drogenhandel eine immer grössere Bedeutung erlangte. Es gelang ihnen, einen Agenten in die Organisation von „Gallardo" einzuschleusen, der dann wichtige Informationen weiterleitete. Es kam zur Zerstörung von 1000 Hektaren Marihuana-Plantagen. Dies erschütterte nicht nur „Gallardo", sondern auch die ganze Bevölkerung, denn die Plantagen boten mehreren Bauern eine Arbeit.

„Gallardos" nächster Entscheid veränderte alles in Mexiko. Er hatte seinen Leuten den Auftrag gegeben, den Agenten zu kidnappen. Die Beauftragten folterten ihn und brachten ihn schlussendlich um. Dies wiederum empörte die USA und sie sandten darum ein Ermittlerteam, um herauszufinden, wer ihren Agenten umgebracht hatte. Das Ermittlungsteam fand schnell heraus, dass „Gallardo" hinter diesem Mord steckte. Jedoch weigerte sich Mexiko gegen „Gallardo" vorzugehen, obwohl die USA Druck ausübten. Dennoch beschloss „Gallardo", sich zurückzuziehen und nur noch aus dem Hintergrund zu agieren.

Er teilte sein ganzes Reich unter seinen Managern auf. Der Fuentes-Clan, der später zum Juarez-Kartell wurde, bekam seine wichtigste Route. Die Arellano-Felix-Brüder erhielten die Route über Tijuana, Juan García Abrego bekam die Route über Tamaulipas und gründete dort das Gulf-Kartell. Joaquín Guzmán Loera und Ismael Zambada García, die das Sinaloa-Kartell bildeten, wurde die Route über den Pazifik zugeteilt. Alle aufgeteilten Routen wurden nach wie vor von „Gallardo" beherrscht und waren somit alle voneinander abhängig.

6.2 Wie es zur heutigen Brutalität kam

1989 wurde „Gallardo" wegen Mordes verhaftet und konnte somit nur noch aus dem Gefängnis regieren. Dies ging nicht lange gut. Die einzelnen Kartelle waren nun quasi auf sich alleine gestellt. Darum entwickelte jedes Kartell seine eigenen Strategien, um möglichst viel Gewinn zu generieren. Es wurde schnell klar, dass gute Schmuggelrouten das A und O eines guten Handels sind. Zu Beginn waren die verschiedenen Kartelle miteinander verbündet und gingen gegen kleinere, neu gegründete Kartelle vor.

Doch mit der Zeit fingen die Kartelle an, heimlich Pläne gegeneinander zu schmieden. So entstanden aus kleineren Schusswechseln grosse Schiessereien. Es ging dabei immer nur um eines und zwar um neue Routen. Denn im Handel liegt das grosse Geld und nicht in der Produktion.

Den Kartellen wurde es immer wichtiger, die richtigen Waffen zu besitzen um sich vor den anderen Kartellen zu schützen.

Da die Waffen in Mexiko aber nicht problemlos gekauft werden können, wurden die Waffen aus Amerika importiert. Dies ist bis heute so [5].

Zwischen Mexiko und den USA ist es ein Geben und Nehmen: Mexiko versorgt die USA mit Drogen und die USA beliefern Mexiko im Gegenzug mit Waffen. Wenn es allerdings in den USA keine Waffen zu kaufen gab, wurden Militärdepots überfallen. Der Gewinn der Kartelle wurde zum grössten Teil für ihre Ausrüstung verwendet. Es wurde gar ein 10 Meter langes U-Boot gefunden, welches einem der Kartelle gehörte und voll beladen war mit Kokain.

Unter anderem investierten die Kartelle ihr Geld in eigene Armeen. Das Gulf-Kartell organisierte ehemalige Elitesoldaten der mexikanischen Armee, die dann den Namen Los Zetas trugen. Die Los Zetas haben sich ein paar Jahre später selbstständig gemacht und gehören nun zu den gefährlichsten Kartellen in Mexiko. Das Sinaloa-Kartell warb eine eigene Armee mit dem Namen Los Negros an, um gegen das Gulf-Kartell nicht in der Unterzahl zu sein. Das Gulf-Kartell wollte sein Gebiet im Norden und das Sinaloa-Kartell im Südwesten erweitern.

Das Sinaloa-Kartell war in diesem ständigen Machtkampf am stärksten. Dieses Kartell war zu jener Zeit auch das brutalste. Seine guten Kontakte zur örtlichen Polizei begünstigte das Vorhaben, die grösste Macht in Mexiko zu werden. Es gelang ihnen, die anderen Kartelle bei der Polizei anzuschwärzen, indem sie der Polizei mitteilten, wo sich die Kartelle befinden, welche Schmuggelroute sie benutzen und wann eine Übergabe stattfindet. Dadurch hatte das Sinaloa-Kartell die Chance, sein Gebiet immer weiter zu vergrössern. Denn wenn andern Kartellen eine Route zunichte gemacht wurde, nahm das Sinaloa-Kartell diese in eigenen Besitz.

Der Boss dieses Kartells war jedoch nicht zufrieden zu stellen. Er wollte immer mehr und mehr Macht haben. Darum griff er mit der Zeit direkt die anderen Kartelle an. Als ihm zu Ohren kam, dass die Los Zetas mit dem Gulf-Kartell im Konflikt standen, nutzte er die Gelegenheit. Er schloss sich mit den Los Zetas zusammen und kämpfte gegen das Gulf-Kartell. Dieses Ereignis hat dazu geführt, dass sich die Los Zetas vom Gulf-Kartell abspalteten.

Diverse Vorkommnisse, ähnliche wie das oben erwähnte, führten zum heutigen Drogenkrieg. Denn die Brutalität nahm mit den Jahren immer mehr zu.

Nicht einmal der neue Präsident Felipe Calderon, der den Kartellen den Krieg erklärte, schreckte sie ab. Ganz im Gegenteil, der Konflikt wurde immer brutaler, da die Kartelle nun auch gegen Staatsbedienstete kämpfen mussten [5].

7. Das Leben in einem Kartell

Das Leben in einem Kartell ist grausam und unsicher, denn einstige Komplizen können plötzlich zu Feinden werden [3].

7.1 Alvarez' leben im Kartell

Folgendes Beispiel soll das Leben im Kartell illustrieren. Das Beispiel stammt aus dem Buch: „Drogen, Krieg, Mexiko. Der gefährlichste Ort der Welt". Der Autor dieses Buches, Sandro Benini, hatte die Möglichkeit, ein Interview mit einem Mitglied des Sinaloa-Kartells zuführen. Er erzählte dem Autor und den Reporten sein ganzes Leben.

Alvarez[1] wurde im Bundesstaat Sinaloa geboren, genauer in Los Mochis. Mit 14 Jahren trat er dem Sinaloa-Kartell bei, doch wie kam es dazu?

Alvarez wuchs in armen Verhältnissen auf, denn seine Mutter hatte keine Arbeit und sein Vater verdiente nicht sehr viel. Hinzu kam, dass sie beide Alkoholiker waren. Sein Vater war zudem auch gewalttätig. Ob Alvarez in seiner Kindheit geschlagen wurde, wird nicht genau geschildert, dennoch kann man es aufgrund seiner Sprechweise annehmen. Als Alvarez sieben Jahre alt war, ging die Firma, in der sein Vater arbeitete, Konkurs. Dies bedeutete für die Familie nicht nur arm zu sein, sondern auch in Demütigung zu leben. Zwei Wochen nachdem der Vater arbeitslos wurde, verschwand er. Alvarez weiss bis heute nicht, ob der Vater abgehauen ist oder ermordet wurde. Seine Mutter und seine neun Geschwister hatten nichts mehr, da die Mutter durch ihren starken Alkoholkonsum nicht arbeiten konnte.

---

[1] Name geändert

Um doch ein wenig Geld zur Verfügung zu haben, prostituierte sich seine älteste Schwester. Jedoch genügte der Verdienst der Schwester nicht, um die ganze Familie zu ernähren.

Als Alvarez' älterer Bruder dem Sinaloa-Kartell beitrat, ging es der Familie gleich um einiges besser. Schon nach kurzer Zeit wurde sein Bruder von Nachbarn und Bekannten mit Respekt behandelt. Dies führte dazu, dass Alvarez seinen Bruder bewunderte. Alvarez war zu dieser Zeit dreizehn Jahre alt. Es war auch der Bruder, der Alvarez in das Sinaloa-Kartell einschleuste.

Mit vierzehn Jahren wurde er zum Mitglied und er fing, wie sein Bruder, als Späher an. Sein Bruder war auch derjenige, der Alvarez die erste Line Koks legte.

Die Familie sprach nie über die Tatsache, dass die beiden Brüder einem Kartell angehörten, dennoch wusste es jeder. Die Mutter kam durch die Arbeit ihrer Söhne an ihren geliebten Alkohol und hatte immer noch genügend Geld, um der Familie Essen zu kaufen. Alvarez war froh, dass die Familie diese schweren Tage überstanden hatte und er sich endlich die Turnschuhe kaufen konnte, die er schon immer gewollt hatte. Auch konnte er sich endlich einen eigenen Fernseher leisten. Somit kam auch der Gedanke auf, höher aufzusteigen, um noch mehr zu verdienen und sich schliesslich noch mehr kaufen zu können. Dies war nicht nur für Alvarez' Familie der Grund, einem Kartell beizutreten, sondern auch andere sahen nur Positives an einem Kartell-Beitritt. Denn man konnte sich plötzlich Dinge leisten, von denen man normalerweise nur träumte.

Irgendwann war es soweit, Alvarez bekam die Chance aufzusteigen. Wie sich später herausstellte, blieb diese auch seine einzige. Seinem Vorgesetzten kam zu Ohren, dass ein Klein-Dealer einen Teil des Geldes in seine eigene Tasche steckte. Alvarez Auftrag war es, diesen zu erschiessen. Er wusste, wenn er diesen Auftrag befolgte, öffneten sich neue Türen. Doch wenn er sich weigerte würde er alles verlieren. Er redete sich ein, dass der andere ja selber schuld sei, da die Regeln eines Kartells klar mitgeteilt wurden und jeder sie kannte. Alvarez war erstaunt, wie einfach es war, jemanden zu erschiessen. Jedoch blieb ihm das Gesicht des Opfers im Gedächtnis. Manchmal träumt er sogar davon. Dies zeigt uns, dass nicht jeder so skrupellos ist, wie es in den Medien gezeigt wird.

Klar wird man mit der Zeit abgestumpft und kann Menschen umbringen ohne ein schlechtes Gewissen zu haben, aber dafür braucht es viel Zeit.

Aufschlussreich ist vor allem, dass praktisch jedes Mitglied eines Kartells gläubig ist. Viele geben sogar einige Tausend Pesos aus, um jedes Jahr einen neuen Altar zu Hause zu bauen. Die aller meisten sind Katholiken und gehen daher auch öfter zur Beichte. Alvarez erklärt im Buch, wie man das Gebot „du sollst nicht töten" verstehen muss. Und zwar so: „Das Gebot, du sollst nicht töten, muss man ignorieren, weil man sonst nicht überleben würde. Wenn Gott eine Welt geschaffen hat, die so schlecht ist, dass ich andere umbringen muss, um morgen überhaupt noch da zu sein, dann kann ich nichts dafür. Christus hat versprochen, Gott würde jede Sünde verzeihen, sofern der Sünder aufrichtig bereue. Das tue er im Moment zwar nicht, aber kurz vor seinem Tod sei er durchaus bereit, für alles um Vergebung zu bitten – sofern ihm dafür genügend Zeit bleibe." Darum verspricht Alvarez der Heiligen Jungfrau, jedes Mal bevor er jemanden töte, noch am selben Tag eine Kerze anzuzünden.

Eineinhalb Monate nach seinem ersten Mord folgten weitere Aufträge. Er musste einen Killer seines Kartells begleiten. Für Alvarez waren die ersten Wochen sehr belastend, denn er sah zum ersten Mal, wie brutal das Sinaloa-Kartell effektiv ist. Es wird jedes Mal gefoltert, wenn sie ein Geständnis hören möchten, manchmal ist man sich nicht einmal sicher, ob diese Person überhaupt die richtige ist. Um die Brutalität aufzuzeigen, hier ein Zitat von Alvarez selbst: „Als einer meiner Kollegen begann, ihm mit einer Zange zuerst die Zehen und dann die Finger abzutrennen, immer mit einer Pause dazwischen, in der sie ihm eine ätzende Flüssigkeit in die Wunden gossen, sagte ich inmitten seiner Schreie immer wieder zu mir selbst: Er ist selber schuld, er hätte es wissen müssen. Er ist selber schuld" [2]. Heute macht ihm ein solcher Anblick nichts mehr aus. Er hat sich schon längst daran gewöhnt, doch er ist trotzdem nicht einer, der gerne andere ermordet. Leider denken praktisch all seine Kollegen anders. Die meisten haben ihren Spass daran gefunden.

Der Grund, warum Alvarez mit den Jahren nicht weiter aufgestiegen ist, ist ein kleines Missgeschick. Er hat zu viel Gefühl gezeigt. Denn eines Tages bekam er den Auftrag gemeinsam mit einem Komplizen eine ganze Familie zu erschiessen. Der Ablauf wurde genau geplant und auch strikt befolgt. Doch als das kleine Mädchen schwer verletzt am Boden lag, brachte er es nicht übers Herz, ihr in den Kopf zu schiessen.

Er dachte, da er kurz zuvor eine Tochter bekommen hatte, konnte er nicht genügend Mut oder Kraft aufbringen das kleine Mädchen zu erschiessen. Somit überlebte sie als Einzige. Als dies sein Vorgesetzter mitbekam, wurden Alvarez und sein Komplize in sein Büro bestellt. Mehrere kräftige Männer standen im Raum verteilt und beobachteten das Geschehen. Sie sahen aus, als wären sie bereit, jeden Moment zuzugreifen und würden nur noch auf das Zeichen des Drogen-Bosses warten. Alvarez wusste genau, fliehen würde nichts bringen, er würde so nur seine Familie gefährden. Nicht nur weil sich die Familie ohne ihn nicht ernähren könnte, sondern auch, weil der Drogen-Boss seine Familie umbringen lassen würde. Der Vorgesetzte fragte, warum das kleine Mädchen überlebt hatte und darauf antwortete Alvarez, dass er keine Zeit mehr hatte den Kontrollschuss abzufeuern, da die Polizei schon in unmittelbarer Nähe gewesen sei. Dadurch, dass sein Komplize dies bestätigte, blieb es dabei und beide konnten wieder gehen. Aber seit diesem Ereignis wurden Alvarez nicht mehr so viele Aufträge zugewiesen und er behauptet dieses Ereignis sei auch der Grund dafür, dass er nicht weiter aufsteigen konnte. Er ist der festen Überzeugung, dass der Drogen-Boss trotz der Erklärung nicht mehr vollstes Vertrauen in ihn hatte.

Mittlerweile hat er eine Frau und drei Kinder und er hofft, dass seine Kinder niemals das erleben müssen, was er erlebt hat [2].

8. Das Leiden der mexikanischen Bevölkerung

Um direkt von Mexikanern zu hören wie sich das Leben in Mexiko gestaltet, habe ich Interviews mit diversen Personen durchgeführt, die Interviews sind im Anhang zu finden. Für die vorliegende Arbeit habe ich zwei von insgesamt fünf Interviews ausgewählt und in meine Arbeit einfliessen lassen. Eine Person lebt in einem Gebiet, das stärker vom Drogenkrieg betroffen ist.

8.1 Interviews mit Einheimischen

Er ist 50 Jahre alt, kinderlos und studierter Elektronik-Ingenieur. Er wohnt etwas nördlich von Mexiko City, in Delegación Gustavo A Madero.

An seinem Wohnort ist der Drogenkrieg nicht direkt spürbar. Aber er sagt, dass seit Felipe Calderon den Kartellen den Krieg erklärt hat, der Krieg auch in Mexiko City spürbar sei, jedoch niemals so gewalttätig wie in anderen Gebieten. Er selbst hatte bis jetzt noch keine Angst vor dem Drogenkrieg.

Mit dem Drogenkrieg hat er selbst noch keine Erfahrungen gemacht, das heisst, er kennt niemanden, der für ein Kartell arbeitet, ist selber nicht Mitglied und hat noch nie jemanden aufgrund des Drogenkrieges verloren. Daher hat er auch nicht den Gedanken Auszuwandern. Er ist davon überzeugt, dass die Medien in Mexiko genügend Informationen über den Drogenkrieg liefern. Über die Korruption in Mexiko konnte er mir sehr spannende Dinge erläutern, unter anderem hat er mir mitgeteilt, dass die Medien ein Weg der Korruption seien. Das einzige, was ich darüber weiss ist, dass bei weniger als zehn Toten in einem Quartier keine Berichterstattung erfolgt, da dies alltäglich ist. Meinem Interviewpartner ist bewusst, dass in einigen Gegenden die Polizisten mit den Drogendealern unter einer Decke stecken. Dies ist auch oft der Grund, weshalb die Bevölkerung verängstigt geworden ist. Hinzu kommt, dass viele, die sich früher nicht für Politik interessierten, sich immer häufiger über den Drogenkrieg informieren.

Doch er ist zuversichtlich, er sieht einen Weg aus dem Drogenkrieg. Ihm ist bewusst, dass dies nicht von heute auf morgen geschehen wird, aber irgendwann sei es so weit. Denn Mexiko sei ein schönes Land und habe gute Menschen. Nicht alles sei schlecht in Mexiko.

Das zweite Interview habe ich mit einer 27 jährigen Person geführt. Er ist ebenfalls kinderlos und lebt in Michoacan. Er ist der Manager einer Tomatenfabrik und studiert gleichzeitig Englisch in den USA.

Seinen Erzählungen zufolge sei der Drogenkrieg in Michoacan nur an manchen Tagen spürbar. Denn es herrscht hauptsächlich zwischen den Kartellen Krieg. Das heisst, wenn man selbst nicht in diesem Business tätig ist, müsse man keine Angst haben. Seit er neun Jahre alt ist, spürt er den Drogenkrieg.

Er meint, dass schon mehrere Unschuldige sterben mussten, auch aus seinem eigenen Bekanntenkreis. Zudem kennt er einige Leute, die mit Drogen handeln, doch zu diesen Personen hat er keinen Kontakt.

Er erzählte mir ausserdem von einem persönlichen Erlebnis: Ungefähr vor zwei Jahren war er auf der Autobahn unterwegs nach Hause. Als er die Spur wechseln wollte, tauchte plötzlich ein Van auf. Zwei Personen, mit einer AK47 bewaffnet, kamen auf sein Auto zu. Sie befahlen ihm das Auto zu verlassen, da sie es benötigten. Sie haben gemäss seiner Erzählung sehr böse geklungen, daher sei er unverzüglich ausgestiegen. Nach ungefähr zwei Stunden haben die Täter bemerkt, dass sie ein falsches Auto gestohlen haben und riefen ihn an, um mitzuteilen, wo das Auto platziert werden würde. Das Auto kam ohne Kratzer zurück, lediglich der Laptop und das Handy waren nicht mehr vorhanden.

Im Gegensatz zu meinem ersten Interviewpartner denkt der Zweite, dass die Medien nicht ausreichend Informationen liefern. Als Calderon noch das Amt des Präsidenten bekleidete, waren die Informationen besser. Die Korruption ist in Michoacan weit verbreitet. Man weiss, dass die Drogenbosse die Polizisten erpressen, indem sie die Polizisten oder deren Familien mit dem Tod bedrohen. Auch wenn sich vieles aufgrund der Macht einiger Kartelle ins Schlechte gewandelt hat, möchte er nicht auswandern. Für Mexiko wünscht er sich, dass der Drogenkrieg endet, allerdings werde dies nicht passieren, so lange eine so grosse Nachfrage besteht und gutes Geld mit dem Handel verdient werden kann.

Ich bin erstaunt darüber, wie locker es mein zweiter Interviewpartner nimmt. Obwohl er schon selbst beängstigte Situationen erlebt hat, spricht er im Grossen und Ganzen zwanglos darüber. Überraschend finde ich die Tatsache, dass Personen, die ausserhalb der vom Drogenkrieg betroffenen Gebiete leben, angeblich genügend Informationen erhalten und solche, die direkt mit dem Krieg konfrontiert werden, nicht.

8.2 Wirtschaftliche Entwicklung

Was sich verändert hat, seien vor allem die Ferienorte. Viele Orte werden nicht mehr als Feriendestination genutzt, da es zu gefährlich ist. In Mexiko mussten bis im Jahr 2012 schon 1500 Geschäfte schliessen, die Hotels sind nur noch zu 46% ausgelastet und es kommen nur noch 20% ausländische Touristen jährlich [2]. Eine wirtschaftlich gravierende Veränderung ist, dass verschiedene Geldgeber nicht mehr in Mexiko investieren wollten, da sie wegen der ungenügenden Sicherheit skeptisch sind. Viele Orte in Mexiko merken grundsätzlich nicht viel vom Drogenkrieg. In den betroffenen Ortschaften fühlen sich laut einer Studie 80% der Einwohner bedroht. Acapulco (typische Touristenstadt) wurde anfangs 2013, mit 143 Morden auf 100'000 Einwohner, zur zweit gefährlichsten Stadt der Welt. In der Schweiz sind es 0,7 Morde auf 100'000 Einwohner. [2] Die Umstände haben teilweise einen grossen Einfluss auf die Ferienorte, konnte man zuvor von den Touristen leben, so kann man sich zurzeit kaum über Wasser halten. Überraschend ist, dass in Mexiko City, der Landeshauptstadt, der Drogenkrieg noch nicht überhandgenommen hat, sondern es tendenziell noch eher ruhig ist.

8.3 Frauen im Drogenkrieg

Frauen spielen im mexikanischen Drogenkrieg offiziell keine grosse Rolle. Klar sind auch die Frauen involviert, doch von ihnen ist selten die Rede. Denn Frauen sind meist nur Begleitung. Das heisst, sie machen sozusagen das Leben der Männer erträglicher, sie mindern durch ihre Anwesenheit die Grausamkeit.

Doch immer mehr Frauen beginnen ebenfalls mit dem Schmuggeln oder sind zuständig für die Buchhaltung. Sehr selten arbeiten sie als Killerinnen. Manche Kartelle werden sogar von Frauen angeführt. Viele junge Männer in Mexiko trauen sich nicht, selber Kokain zu kaufen, daher werden oft Frauen geschickt [7].

Frauen treten am häufigsten als Begleitung auf, weshalb sie eine eigene Bezeichnung bekommen haben. Man nennt solche Frauen Buchonas und manchmal auch Chukis nice. Eine Buchona muss in der Regel jung und attraktiv sein. Oft stammt sie aus der Unterschicht. Ihre einzigen Aufgaben sind es, dem Mann zu gefallen und bei Gelegenheit an Schönheitswettbewerben teilzunehmen.

Das Leben einer Buchona besteht praktisch nur aus Partys, Drogen, Sex und Wagemut. Buchonas leben aber nicht ganz ungefährlich. Schon öfter wurden Frauen verhaftet, nur weil sie mit einem Drogendealer zusammenleben; denn meistens wird man in die Geschäfte automatisch miteinbezogen. Angst vor dem Tod sollte man als Buchona nicht haben. Die bekannteste Buchona in Mexiko ist Laura Elena Zúñiga [2].

8.4 Grenze zwischen Täter und Opfer

Es ist schwer zu definieren, wo die Grenze zwischen Opfer und Täter liegt. Denn viele werden gezwungen, jemanden umzubringen oder haben keine andere Wahl, als einem Drogenkartell beizutreten, weil sie sonst verhungern würden. Auch die ermordeten Personen waren vielleicht zu einem früheren Zeitpunkt Täter und wurden dann zum Opfer. Man sollte folglich nicht zu schnell urteilen.

Viele würden sich gegen den Drogenkrieg entscheiden, wenn sie die Möglichkeit hätten. Doch zurzeit erhält man in einem Kartell den besten Lohn. Nicht einmal Polizisten haben einen höheren Lohn. Daher ist es verständlich, das die Hemmschwelle, einem Drogenkartell beizutreten, tief ist. Viele sehen darin eine gute Zukunft, denn sie können ihrer Familie alles ermöglichen. Die Kinder bekommen die Chance, eine Schule zu besuchen und somit eine gute Ausbildung zu geniessen. Dies ist ein wichtiger Beweggrund, um einem Kartell beizutreten. Die Brutalität versucht man einfach zu vergessen und zu verdrängen.

Menschen mit einer hohen Resilienz werden es einfacher haben, all den Schmerz und das Leid wegzustecken. Die Resilienz ist die psychische Widerstandskraft, sozusagen das Immunsystem der Seele. Doch auf Dauer ist Verdrängung nicht der richtige Weg. Irgendwann holen solche Erlebnisse die meisten Menschen ein. Darum kann es nie früh genug sein, sich Unterstützung zu suchen. Das Leben in einem Kartell ist grausam, selbst der gute Lohn kann dies nicht wettmachen.

Die Bürger beruhigen sich, indem sie sich einreden, ihnen werde nichts passieren, solange sie sich nie an einem gefährlichen Ort aufhalten, die tägliche Arbeit verrichten und keine kriminellen Geschäfte mit den Kartellen eingehen. Doch der Schein trügt.

Schon bei mehreren Morden wurde bekannt, dass sich das Opfer zur falschen Zeit am falschen Ort aufgehalten hatte. Doch die Normalbürger können nichts dagegen machen.

Die Bürgerrechtsbewegung, die Javier Sicilia gründete, brachte vielen Menschen zu Beginn neue Hoffnung. Sicilia war nämlich der Meinung, jeder Mensch habe einen weichen Kern. Man müsse nur herausfinden, wie man diesen berühren kann. Darum hat Sicilia mehrere Reden und Zusammenkünfte Gleichdenkender organisiert. Einmal war sogar der Präsident, Felipe Calderon, eingeladen. Mehrere Opfer erzählten ihm ihre Geschichte. Calderon umarmte eine junge Frau, nachdem sie ihm ihre Geschichte erzählt hatte. Viele waren dann der Ansicht, dass der Präsident es einsehen und den Krieg einstellen würde. Doch so war es nicht. Er entschuldigte all diese Grausamkeiten damit, dass er sein Vorhaben nicht strikt durchgezogen hätte. Diese Umarmung war die erste und auch die letzte des Präsidenten. Bei weiteren Treffen zeigte er kein Mitgefühl mehr.

9. Korruption als Staatsform

9.1 Staatsform Mexiko

Im Jahr 1917 wurde die mexikanische Verfassung errichtet. Mexiko wurde damit zu einer präsidialen Bundesrepublik. Das bedeutet, dass der Präsident des Staates gleichzeitig auch der Chef der Bundesregierung ist. Somit hat er die Macht, um über verschiedene Staatsgeschäfte zu bestimmen. Er hat im Land ein sogenanntes Vetorecht, welches ihm erlaubt, Gesetzesinitiativen abzulehnen. Jedoch hat der Präsident lediglich eine sechs jährige Amtszeit und darf nicht wieder gewählt werden. Gewählt wird der Präsident direkt vom Volk und er wiederum wählt die Minister der Regierung.

Das Parlament besteht aus einem Abgeordnetenhaus, welches 500 Mitglieder zählt und einem Senat, der aus 128 Volksvertreter besteht.

Die Wahl des Senats wird alle sechs Jahre durchgeführt und die Parlamentswahlen alle drei Jahre. Die Gesetzesinitiative ist das oberste Gebot, daher obliegen ihm: der Kongress, das regionale Parlament und der Staatspräsident.

In Mexiko gibt es zudem eine klare Trennung von Kirche und Staat. Zum Beispiel dürfen Personen, die einen Beruf mit religiösem Hintergrund ausüben, nicht in öffentliche Ämter gewählt werden.

Das Wahlrecht erhält man in Mexiko wie auch in der Schweiz mit achtzehn Jahren; rund sechzig Prozent aller Mexikaner stimmen im Schnitt ab.

In Mexiko herrschen im Wesentlichen drei grössere Parteien. Zu denen gehört die konservative PAN (deutsch: Nationale Aktionspartei), die linke PRD (deutsch: Demokratische Revolutionspartei) und die PRI (deutsch: Partei der Institutionalisierten Revolution). Die PRI dominierte 70 Jahre lang, war also die Staats- oder Regierungspartei. Die PAN unterbrach im Jahr 2000 die Herrschaft der PRI. Jedoch wurde bei den folgenden Wahlen wieder die PRI gewählt, da die PAN sich nicht gegen den Drogenkrieg durchsetzen konnte. Die Bürger sind der Meinung, dass es stärkere Sanktionen gegen die Drogenbosse geben sollte. Darum kam es im Jahr 2006 zur Kriegserklärung des Präsidenten gegen die Kartelle. Jedoch kann man heute, neun Jahre danach, sagen, dass diese Kriegerklärung eher das Gegenteil bewirkt hat. Im Jahr 2012 wurde Felipe Calderon von Enrique Peña Nieto abgelöst. Er gehört ebenfalls der PRI an [8] [9].

9.2 Korruption im Staat

Die Polizei in Mexiko ist korrupt, daher hat sie keinen guten Ruf. Vor allem die Gemeindepolizei und die Corps der einzelnen Bundesstaaten geniessen in der Bevölkerung kein Vertrauen.

Doch auch bei den Polizisten ist es nicht anders als beim Rest der Bevölkerung. Selbst die Polizei erhält einen tieferen Lohn, als in einem Kartell. Darum zieht es viele Polizisten in ein Kartell. Die Kartelle nutzen diese Chance und nehmen Polizisten gerne in ihre Reihen auf. Somit haben die Kartelle einen gewissen Schutz vor der Polizei und erhalten wichtige Informationen.

Doch nicht jeder Polizist gehört auch einem Kartell an. Erschütternd ist, dass mehr als die Hälfte der geprüften Polizisten im Bundesstaat Sonora und Zacatecas, wegen Verdacht auf Kooperation mit den Kartellen entlassen werden musste. Bei den besser bezahlten Polizisten erwiesen sich nur 10% als zu wenig vertrauenswürdig. Dies lässt darauf schliessen, dass es den Polizisten eigentlich nur ums Geld geht. Man kann nicht genau sagen, welchen Beruf Polizisten nach ihrer Entlassung ausüben. Doch man vermutet, dass die Polizisten nun erst recht bei Drogenkartellen arbeiten. Es ist auch bekannt, dass ganze Polizei-Corps für Kartelle arbeiten. Hinzu kommt, dass Polizisten die ordnungsgemäss gegen Drogenkartelle vorgehen, von den Kartellen auf eine Hitliste gesetzt werden. Diese Polizisten werden dann nach der Reihenfolge der Hitliste umgebracht. Die Listen werden mit Absicht veröffentlicht, um Angst zu verbreiten, in der Hoffnung, dass einige zu Kartellen wechseln. Darum kam es im Juni 2011 zu einem erschütternden Ereignis [2] [3].

9.3 Beispiel der Korruption

Ein 17-Jähriger war mit seinen Freunden in einer Bar. Er wollte für sich und seine Freunde das Bier bezahlen und merkte dann, dass er zu wenig Geld bei sich trug. Er zögerte nicht lange und rief seinen Bruder an, ob er ihm die fehlenden 14 Dollar bringen könnte. Doch es war schon zu spät. Die Kellnerin, die den Auftrag hatte, jeden zu melden, der seine Rechnung nicht begleichen kann, hatte die Polizei bereits kontaktiert. Keine fünf Minuten vergingen und die Polizei hatte den Knaben, wie auch seine Freunde festgenommen. Der Bruder traf kurz darauf ein und fragte, warum die Jungs festgenommen wurden. Die Polizei antwortete ihm, dass die Jungs versucht hätten zu fliehen und fragten, ob er sie kenne. Der Bruder verneinte. Diese Antwort rettete dem Bruder des 17 jährigen vermutlich das Leben.

Einige Stunden nach der Verhaftung erkundigte sich die Mutter auf der Wache nach ihrem Sohn. Doch keiner konnte ihr Auskunft geben. Am nächsten Tag kam sie wieder auf die Wache, um nach ihrem Sohn zu fragen. Sie verharrte acht Stunden auf dem Polizeiposten, bis ihr endlich jemand Auskunft geben konnte: Um vier Uhr nachmittags erschien nämlich ein Kommandant, der bei der Festnahme dabei gewesen war.

Er erklärte der Frau, dass die Kinder noch verhört würden und da sie verprügelt worden seien, sie nicht präsentabel seien. Sie solle am darauffolgenden Tag vorbeikommen, um drei Uhr nachmittags würden die Jungs frei gelassen.

Doch was die Mutter nicht wusste: Der Kommandant war in Wirklichkeit der Drogen-Boss der Los Zetas. Die Los Zetas hatten die ganze Einheit übernommen und konnten daher ohne Furcht vor der Polizei in die Wache einmarschieren. Die Mutter wurde auch am darauffolgenden Tag wieder nach Hause geschickt. Doch die Mutter hat nie aufgegeben. Sie ist der festen Überzeugung, dass ihr Sohn noch lebt. Es ist von verschiedenen Fällen bekannt, was mit Verhafteten passiert. Sie werden direkt dem Kartell übergeben und diese zwingen die Jugendlichen für das Kartell zu arbeiten. Weigert man sich, wird man erschossen. Diese Grausamkeit ist fast unvorstellbar [2].

9.4 Klagen über Menschenrechtsverletzungen

Die Klagen über Menschenrechtsverletzungen in Mexiko häufen sich. Das Verschwinden von Personen, die Folterungen und Verhaftungen, die gegen das Gesetz verstossen, haben ein unglaubliches Ausmass angenommen. Den Angehörigen wird angeraten, jeweils selbst bei den Polizeiwachen und Kasernen nach ihren Vermissten zu suchen, da es nutzlos sei, eine Vermisstenanzeige zu publizieren. Doch die Menschen begeben sich in grosse Gefahr, wenn sie sich selbst darum kümmern und die Polizisten wissen das. Es wird auch nicht mehr richtig nachgeforscht, wenn etwas vorliegt, da auch Polizisten Angst haben oder die Polizei selbst zu einem Kartell gehört. Traurig ist, dass sogar der Präsident behauptet, die Menschenrechtsorganisationen würden übertreiben. Es sei niemals so schlimm wie es geschildert werde. Mittlerweile sind Berichte über Menschenrechtsverletzungen ein kaum mehr wahrgenommenes Hintergrundgeräusch der Drogenkartelle [2] [10].

9.5 Massnahmen gegen Korruption

Seitdem bekannt ist, dass viele Polizisten auch in Kartellen tätig sind, wurden verschiedene Tests eingeführt, die regelmässig absolviert werden müssen. Bei Polizisten wird der Urin auf Drogen untersucht, die Vermögensverhältnisse werden überprüft und man schliesst sie an einen Lügendetektor an. Besteht man den Test nicht, wird man entlassen.

Felipe Calderon, Mexikos Präsident, erhöhte die Zahl der Bundespolizisten auf 35'000. Sie sollen zu den professionellsten und bestausgerüsteten Polizisten in Mexiko werden. Doch den Einwohnern bietet dies keinen Schutz, denn sie fürchten diese Einheit genauso wie die Mitglieder der Kartelle. Ganze 64% der mexikanischen Bevölkerung misstrauen der Bundespolizei. Den lokalen Polizeicorps misstrauen 71% der mexikanischen Bevölkerung. Dies sind Zahlen, die wir uns nicht ansatzweise vorstellen können [2].

Die wichtigste Aufgabe jedes Staatswesens ist es, für Sicherheit zu sorgen. Dies ist in Mexiko aber nicht mehr gegeben.

10. Kokainkonsum im Kartell

Man kann sagen, dass jeder in einem Kartell auch Kokain konsumiert. Dies haben Mitglieder der Kartelle bestätigt. Viele rechtfertigen sich mit der Aussage, dass man die Bosheit und den Schmerz sonst nicht ertragen könnte. Durch den Konsum von Kokain verändern sich viele. Man stumpft ab. Vor allem kann man nach einer gewissen Zeit nicht mehr ohne Kokain leben, da das Kokain aufputscht und einem hilft jeden Tag volle Leistung zu bringen. Es ist nicht der richtige Weg, um mit allem klar zu kommen. Unter anderem mindert es die Resilienz. Dies bedeutet, dass man ohne Kokain keine, auch wenn nur kleine, Probleme mehr lösen kann. Könnte man ausreichend Ehrgeiz aufbringen, einen Entzug zu machen, würde es spätestens daran scheitern, dass man wegen dem kleinsten Problem keinen Ausweg mehr sieht. Denn das Lösen von Problemen muss gelernt sein und die Resilienz dafür gestärkt werden.

Die Resilienz ist gewissermassen wie ein Muskel, der regelmässig trainiert werden muss. Ausserdem ist es, mindestens ein Stück weit, ebenfalls der Gruppenzwang. Als neues Mitglied eines Kartells wird man von Anfang an mit Drogenkonsum konfrontiert. Nicht nur mit dem Handel, sondern auch mit dem Konsum. Oft ist es so, dass ein Komplize dem neuen Mitglied Koks anbietet. Um nicht als Aussenseiter dazustehen, greifen viele danach. Da es jeder macht, ist einem zu Beginn nicht bewusst, welche Schäden der Konsum nach sich ziehen kann. Der Konsum, von Kokain ist folglich in den Kartellen nicht wegzudenken.

11. Fazit

In einem Kartell zu arbeiten und zusätzlich ein schönes und ausschliesslich ruhiges Leben zu führen, ist ein Ding der Unmöglichkeit. Wenn man in einem Kartell tätig ist, wird man mit unzähligen Grausamkeiten konfrontiert. Um mit der Skrupellosigkeit der Kartelle klar zu kommen, greifen viele zu Kokain. Allerdings unterstützt die Droge die Verarbeitung des Erlebten nicht, sondern verschlimmert die Situation. Dadurch, dass das Kokain das Hirn angreift, kann es zu erheblichen Schäden führen. Trotzdem haben die Kartelle keine andere Wahl. So lange ein Machtkampf zwischen den Kartellen herrscht, wird sich auch nichts ändern. Denn jeder will den höchst möglichen, Profit aus dem Drogenhandel ziehen. Ergänzend dazu, so lange eine Nachfrage besteht, wird auch produziert und Handel getrieben. Die Vorgehensweise der Kartelle ist ausserordentlich brutal und in vielen Situationen, wäre die Brutalität in diesem Ausmass nicht nötig. Damit möchte ich auf die hohe Anzahl unschuldiger Opfer hinweisen. In diesen Konflikt werden viele Bürger verwickelt, die nichts mit dem Ganzen zu tun haben. Viele werden aufgrund von Verwechslungen ermordet. Das Töten und Foltern von Menschen beginnt schon bei der hierarchisch zweituntersten Gruppe. Gar Jugendliche werden dazu gedrängt, andere umzubringen und wenn man die Anforderungen nicht erfüllt, muss man damit rechnen, selbst umgebracht zu werden. Allerdings schenkt der Beitritt in ein Kartell vielen Familien neue Hoffnung, denn nirgends erhält man einen so guten Lohn wie in einem Kartell. Plötzlich kann man sich vieles leisten, das man schon immer wollte. Die Angst, zu verhungern, verschwindet von heute auf morgen. Aufgrund dessen betätigen sich viele nebst ihrer Haupttätigkeit zusätzlich in einem Kartell. Speziell Polizisten arbeiten häufig in einem Kartell, was wiederum zu Korruption führt, die wir uns in diesem Ausmass unmöglich vorstellen können. Früher war es noch ganz anders, da die verschiedenen Kartelle zusammen gearbeitet haben, weil alle demselben Drogen-Boss gehorchen mussten. Doch heute lebt ein grosser Teil der Bevölkerung in Angst. Da der Drogenkrieg nicht in allen Gebieten gleich stark spürbar ist, betrifft es glücklicherweise nicht alle Einwohner von Mexiko.

12. Schlusswort

Während meiner Maturarbeit konnte ich alle interessanten, grossen Fragen, die ich mir zu Beginn gestellt habe und die während dem Arbeitsprozess aufgetaucht sind beantworten. Die von mir gewählte Vorgehensweise, Fachbücher, Internet zu durchforsten und Interviews von betroffenen einzuholen, stellt sich als ideal heraus. Die Interviews freuten mich besonders. Ich bekam so einen realen Einblick in die Gedanken und Gefühlswelt der im Drogenkrieg lebenden Menschen, die man durch das Lesen der Fachbücher nicht bekommen kann. Meine Maturarbeit hat sehr viel Zeit in Anspruch genommen, insbesondere das Einfühlen in die Thematik. Am Anfang tat ich mich schwer, eine sinnvolle Einschränkung des enorm grossen Themas vorzunehmen. Ich fühlte mich ein wenig verloren und überflutet von Informationen. Das Gespräch mit meiner Betreuungsperson, hat mich schlussendlich auf einen guten Weg gebracht. Obwohl ich mir zu Beginn meiner Arbeit vorgenommen habe, jede Woche zwei Seiten zu schreiben, muss ich mir eingestehen, dies nicht eingehalten zu haben. Leider habe ich auch weniger positive Erfahrungen machen müssen. Ich habe unterschätzt, was dieses Thema meinem Gemüt zumutet. Diese Eindrücke werden mich auf meinem weiteren Berufs- und Lebensweg sicher prägen.

Zusammenfassend darf ich sagen, dass ich über meine Arbeit stolz bin und das Angebot Mexiko und seine schönen Seiten zu besuchen im Auge behalte.

13. Literaturverzeichnis

[1] «Wikipedia,» 2015. [Online]. Available:
https://de.wikipedia.org/wiki/Drogenkrieg_in_Mexiko. [Zugriff am Oktober 2015].

[2] S. Benini, Drogen, Krieg, Mexiko, der gefährlichste Ort der Welt, Basel: Echtzeit, 2013.

[3] C. Halm, USA & Mexiko: Massnahmen gegen den grenzübergreifenden Drogenkrieg,
AV Akademikerverlag, 2014.

[4] «praxis-beutler,» [Online]. Available: http://www.praxis-
beutler.ch/fileadmin/daniel/Drogen/Dokumente/Fakten_zu_Kokain.pdf. [Zugriff am
2015].

[5] P. M. Lingens, Drogen Krieg mit Ausweg, Wien: Kremayr & Scheriau KG.

[6] «Duden,» [Online]. Available: http://www.duden.de/rechtschreibung/Spaeher. [Zugriff am
2015].

[7] A. Covolo, «Vice,» 14 juli 2015. [Online]. Available: Viele junge Männer in Mexiko
getrauten sich nicht, Kokain zu kaufen, darum wurden oft die Frauen geschikt. . [Zugriff
am 27 november 2015].

[8] «mexiko-sehenswürdigkeiten,» [Online]. Available: http://www.mexiko-
sehenswuerdigkeiten.com/staatsform-und-politik-in-mexiko/. [Zugriff am November
2015].

[9] «rastlos,» [Online]. Available: http://www.rastlos.com/mexiko/politik_und_wirtschaft/.
[Zugriff am november 2015].

[10] B. Tschauner, "Linksruck" in Lateinamerika? Die Politik in Mexiko seit 1911 und das
"Movimento Voto x Voto", Deutschland: GRIN.

[11] «Google,» [Online]. Available:
https://www.google.ch/url?sa=i&rct=j&q=&esrc=s&source=images&cd=&ved=0CAcQjRx
qFQoTCMmb-76bhskCFcV7DwodNsYGiA&url=http%3A%2F%2Fwww.planet-
mexiko.com%2Fgesellschaft%2Fdrogenkrieg.html&psig=AFQjCNHa8gwOK-
qz2n6zDVw5B3lb3uH_aA&ust=1447257208552981. [Zugriff am 2015].

[12] «google- search,» [Online]. Available:
https://www.google.ch/search?q=kokapflanze&biw=1366&bih=604&source=lnms&tbm=i
sch&sa=X&sqi=2&ved=0CAYQ_AUoAWoVChMlwMWb3eicyQIVQQgaCh0D-
wtz#tbm=isch&q=kokastrauch+bl%C3%A4tter&imgrc=4dOmT-kOT9vgSM%3A. [Zugriff
am 2015].

14. Anhang

14.1 Interviews

14.1.1 1. Interview for my general qualification for university entrance

Where exactly do you live in Mexico City?
-Mexico City is divided in 16 sections we call "delegaciones",
-I live in Delegación Gustavo A Madero, that is on north of the Mexico City.

How old are you?
-I´m 50

Do you have children?
-No

What's your education and occupation today?
-Electronic Engineer, employee

Is there, where you live, the drug war noticeably? – since when?
-No, I live in a "calm zone ", Mexico City is far from where the drug war is more noticeably, most of it is focus in certain states or cities but not here.

If so, how?

Since when is the drug war noticeable for you in Mexico?
-Well, we heard about it since 2006 whe the president Felipe Calderón decided to start a frontal fight against drug cartels

Have you ever been scared of the drug war?
-Yes, actually the drug war have made many of us change our places to go on holydays, because there are places we know are dangerous because of it, which is a shame, because there are many beautiful places in Mexico to go

Have you ever experienced personally incidents regarding the drug war?
-No, I haven´t

Have you already lost someone close by the war on drugs?
-No (Fortunately)

Do you know someone who works in a drug cartel?
-No, or a least not that I know which could happened

Do you think the media inform you comprehensively?
-Yes, I think so.

Is there any information on corruption of the police, justice and/or politics?
-continuously we know about cases of public servers allied with criminals, but I guess it has been decreasing thanks first to the war itself, and that there are more information everywhere, so information is a way to attack corruption

Has the country changed in general since the beginning of the drug war? For example politically, socially, economically or ecologically?
-Yes, it has changed, we are a little bit more paranoic people, there are places (communities) that have been abandoned because of insecurity and most people are interested on politics, or at least on to be informed about it.

Many migrate now from Mexico. Had you ever thought of emigrating because of the drug war?
-No, I haven´t

Do you think the Mexican economy is impaired by the drug war?
-Yes, we know there are foreign capitals that have decided not to invest in Mexico because of the lack of warranties of security, but we hope that change soon.

Do you think there is a way out of the drug war in Mexico?
-Yes, i think, and hope that there have to be a way out, not very soon, but some time not far away.

What do you wish for Mexico?
-Well, I'm Mexican, so I wish for Mexico a good future, cause even whit all this problems we are a great country, and hope you agree with me that Mexicans are really nice people ;)

14.1.2 2. Interview for my general qualification for university entrance

Where exactly do you live in Mexico City?
-I live in La Piedad, Michoacan.

How old are you?
-I am 27 years old.

Do you have children?
-No I don´t

What's your education and occupation today?
-Today I am the sales manager of Agricola Maas that company is a tomato producer. And also I am sudying english in USA.

Is there, where you live, the drug war noticeably? – since when?
-Some days are, In my state yes, but in my city no too much. Since I remember.

If so, how?
-In my city the drug war is only cartels with others cartels, the police interfere sometimes but not too much, almost every month are murders, it happens because the war but between cartels.

Since when is the drug war noticeable for you in Mexico?
-For me since I was like 9 years old.

Have you ever been scared of the drug war?
-Yes I am scared about it, because sometimes innocent people die, but I´m not in the drugs business so I have like 99% less chance to be killed for the Narcos war.

Have you ever experienced personally incidents regarding the drug war?
-One day, approximately 2 years ago when I finish my work I was on the road waiting to cross to the other side of the highway and a van pulled out in front of my van and two peoples came to my truck with AK47 guns and they told me to go out of my truck because they need the van but with bad words and I left the van. They stole my truck and them approximately 2 hours later they noticed that the van was from a person from the city and called to our farm to say that they want to return our van, that it was a mistake, and that they will return the truck. They left it at a school, where we found our van almost like it was but I didn't find my computer and my cellphone which was inside the truck.

Have you already lost someone close by the war on drugs?
-From my family thanks god no, but I know some workers or friends who were killed in this war.

Do you know someone who works in a drug cartel?
-Yes I know a few people but I not sure 100% what they do. And I don't speak with they, only I know it for other people who tell me.

Do you think the media inform you comprehensively?
-No for sure they don't inform a lot. Before with president Calderon the information was better but nowadays they don't inform much.

Is there any information on corruption of the police, justice and/or politics?
-Yes in my place is a lot of corruption, the police and politician are afraid because narcos give threats, the narcos say do you want money or a bullet in your head or inside your families bodies.

Has the country changed in general since the beginning of the drug war? For example politically, socially, economically or ecologically?
-Yes it change. But in a bad way. Because right now some narcos have so much power.

Many migrate now from Mexico. Had you ever thought of emigrating because of the drug war?
-Not too much. They emigrate for better money opportunities to the USA, but no too much because of the narco war.

Do you think the Mexican economy is impaired by the drug war?
-Yes because we create bad reputation with foreand invest, and turism also, they afect us a lot because this two are the principal money ingress to mexico.

Do you think there is a way out of the drug war in Mexico?
-Yes because we create a bad reputation which affects foreign investment and tourism. Also, they affect us a lot because this two are the principal money ingress to mexico.

What do you wish for Mexico?
-I wish that the Narcos war ends, but while drug demand exists and good business can be made with it I don't think that it stops.

14.1.3   3. Interview for my general qualification for university entrance

Where exactly do you live in Mexico City?
-Querétaro

How old are you?
27

Do you have children?
-No

What's your education and occupation today?
Master in finance
New Business Development Manager

Is there, where you live, the drug war noticeably? – since when?
-No

If so, how?
-

Since when is the drug war noticeable for you in Mexico?
-Since 2009

Have you ever been scared of the drug war?
-Yes (not in the place where I live, but yes in the place where my family lives)

Have you ever experienced personally incidents regarding the drug war?
-Yes

Have you already lost someone close by the war on drugs?
-Yes

Do you know someone who works in a drug cartel?
-No

Do you think the media inform you comprehensively?
No, all the information is incomplete and imprecise.

Is there any information on corruption of the police, justice and/or politics?
-Sometimes.

Has the country changed in general since the beginning of the drug war? For example politically, socially, economically or ecologically?

-Yes, the war that affects all the society. In some cities of Mexico, people cannot go out at night, there are thefts and kill people every day at any time.
For this insecure reasons the people live with scare all the time, business close, and there are no jobs and the drug cartels control the police, the authorities, the economy and all the society.

Many migrate now from Mexico. Had you ever thought of emigrating because of the drug war?
-It is one reasons, but I think is not the main one.

Do you think the Mexican economy is impaired by the drug war?
-Yes, of course.

Do you think there is a way out 32ft he drug war in Mexico?
-I think is very complex. USA consumes most of the drugs produced in Mexico, while there is demand there will be supply.

What do you wish for Mexico?
-I wish that Mexico becomes a safe place to live, and can have economic growth that is needed, with opportunities for all the people.

14.1.4 4. Interview for my general qualification for university entrance

Where exactly do you live in Mexico City?
-Querétaro, México

How old are you?
-27

Do you have children?
-No

What's your education and occupation today?
-Master Student in M.Sc. in Marketing

Is there, where you live, the drug war noticeably? – since when? If so, how?
-It's not so noticeable, however, things are starting to become more visible as time goes by. Everyone in town knows that Querétaro is the city where the families of the drug dealers live (Wives and children). At least that's one of the main reasons why Querétaro is not being "attacked" or affected directly: "no one touches Querétaro, because families have nothing to do with the drug war/drug dealers". Querétaro is still considered as a "safe" city in comparison to other states of the country, where the drug war is affecting the population much more, such as in the North or South of Mexico.
Nevertheless, the city is growing fast and this is becoming sort of a problem; it's getting difficult to have a "control" or maintain "peace" when there are many people coming to the city every single day. Therefore, I started to notice 3 years ago (in my city) that we, as citizens, are not anymore out of the drug war, not even the families of those drug dealers. Everyone is messing up with everyone somehow. However, as I

mentioned before, Querétaro is still not so affected or at least the government is trying to cover it very well.

Since when is the drug war noticeable for you in Mexico?
-Since 2010

Have you ever been scared of the drug war?
-Yes

Have you ever experienced personally incidents regarding the drug war?
-Yes. In September 2011, my family and I were driving back from Texas to Querétaro. At that time, there was a warning from the government, which lasted around 3 years, that it was too dangerous to drive some of the highways in the north of Mexico (the ones that go to US). However, everyone knew that if you cross the road during daylight as quickly as possible, you will not "face" any problems. I have to mention that it was preferable to look as normal as possible. With "normal", I mean that not catching the attention at all (having a small, cheap and kind of old car is an example). On our way back, we ended up trapped among 3 white pickup trucks, 2 of them blocked the highway, so that we could not pass them, and the other one was driving the same speed right next to us. There was a moment of silence among all of us; without telling anything, we all knew somehow what was happening and what could happen if they would have decided to stop us. That awful moment didn't last long; actually it lasted 2-3 minutes but the entire time the men inside the pickup trucks kept staring at us. We simply tried to keep calm. Finally, they decided to free the highway and the first reaction of my dad was to accelerate gradually to a point that we were out of their reach. I remember my dad driving more than 200 km/h afterwards during one hour.

Have you already lost someone close by the war on drugs?
-No

Do you know someone who works in a drug cartel?
-No

Do you think the media inform you comprehensively?
-Not really. There is always hidden information.

Is there any information on corruption of the police, justice and/or politics?
-There is always information about corruption, everyday we see cases of corruption in all different levels.

Has the country changed in general since the beginning of the drug war? For example politically, socially, economically or ecologically?
-Yes, the drug war has affected the country in general. But we cannot stop living our lives and stay at home forever. We need to learn to deal with it and to learn to live with it. Sadly, people's perception inside and outside the country has changed for the worse due to the drug war. But there is a virtuous circle where corruption, the most disgusting activity employed in all level in all areas, plays an important role in this war: if the government could simply do what they have to do and people that need to be recognized, such as police men, were paid fairly and get higher salaries, probably there would be less people working for the cartels. Improve the education system is

the key to success in the long-term to change the vision of a whole generation and start from scratch.
Many migrate now from Mexico. Had you ever thought of emigrating because of the drug war?
-No, because I have not been affected directly/personally because of that. However, if I ever do I will consider emigrate but it would not be the main reason.

Do you think the Mexican economy is impaired by the drug war?
-For sure, 100%.

Do you think there is a way out of the drug war in Mexico?
-It should be a way. However, as long as there is a market willing to consume drugs, there will always be someone producing them.

What do you wish for Mexico?
-Mexico is a very rich, beautiful, and diverse country and hopefully it comes the day that every Mexican have a better quality of life and live in peace.

14.1.5 5. Interview for my general qualification for university entrance

Where exactly do you live in Mexico City?
-Right now I live in Queretaro City

How old are you?
-27

Do you have children?
-No

What's your education and occupation today?
-BIB- I have a bachelors degree in international business. I specialize in international logistics coordination

Is there, where you live, the drug war noticeably? – since when?
-The drug war in Queretaro is not as noticeably as in other states of the country.

If so, how?

Since when is the drug war noticeable for you in Mexico?
-As a concept of "drug war" started in 2006 with Felipe Candelon, but the problems with drug gangs are older.

Have you ever been scared of the drug war?
-I am aware that there is a very big problem in the country

Have you ever experienced personally incidents regarding the drug war?
-No

Have you already lost someone close by the war on drugs?

-No
Do you know someone who works in a drug cartel?
-No

Do you think the media inform you comprehensively?
-No

Is there any information on corruption of the police, justice and/or politics?

Has the country changed in general since the beginning of the drug war? For example politically, socially, economically or ecologically?
-Yes, the country change in many ways.

Many migrate now from Mexico. Had you ever thought of emigrating because of the drug war?
-No

Do you think the Mexican economy is impaired by the drug war?
-Yes, all of it affects the economy, the international image of Mexico has changed.

Do you think there is a way out of the drug war in Mexico?
-Yes, there is a way.

What do you wish for Mexico?
-Every one wants the best for the country, the best for our society and our families and the problems of the country will not be solved if all of us don´t work to improve in all the senses.